Inhaltsverzeichnis

VON ANFANG AN

Die ersten paar Monate mit einem neuen Haustier sind eine glückliche, aufregende und liebevolle Zeit, aber sie ist nicht ohne Herausforderungen.

Es ist nicht ungewöhnlich, dass sich neue Welpeneltern fragen: ***"Habe ich mich eigentlich richtig entschieden?"*** Glücklicherweise ist die Welpenentwicklung gut erforscht und damit ziemlich tiergerecht umzusetzen.

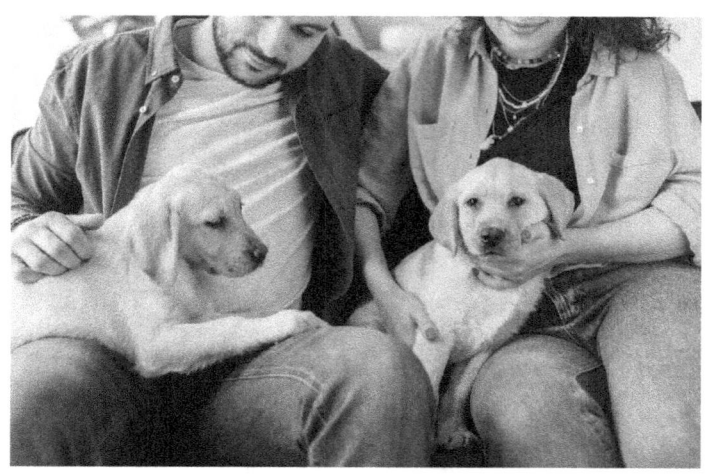

Hier sind ein paar Vorschläge, was zu beachten ist:

Wenn Welpen geboren werden, sind sie besonders auf ihre Mamas / Papas angewiesen, und die fürsorgliche Aufzucht durch den Menschen sollte vorrangig sein. Die ersten Wochen sind eine Zeit, in der die Welpen noch sehr „besucherempfindlich" sind. Es empfiehlt sich während dieser Zeit nicht allzu viel Besucher zu empfangen, damit die Welpen sich zunächst mal in aller Ruhe an ihre neue Umgebung und die Bezugspersonen gewöhnen können.

Welpen in den **ersten drei Wochen** spielen gerne mit ihren Wurfgeschwistern, kümmern sich um diese und sind im Allgemeinen niedliche kleine „Schnecken", bis etwa nach drei Wochen der Seh- und Hörsinn der Welpen voll ausgeprägt sind.

In der **vierten Woche** etwa fangen Welpen zu Laufen an. Sie sollten die meiste Zeit zwar immer bei ihren Bezugspersonen bleiben, aber zu diesem Zeitpunkt können Sie bereits beginnen, sie auf kurzen "Exkursionen" zu anderen Teilen des Hauses zu nehmen, um neue und interessante Geräusche, Düfte und Oberflächen zu erleben.

Laut der Houston SPCA ist die entscheidende dritte und vierte Woche das Leben eines Welpen bekannt als die Expositionszeit, während dieser Ihr Welpe alle möglichen neuen Sachen lernen wird, einschließlich wie man läuft, spielt und die Welt erforscht.

Mit etwa **fünf Wochen** wird Ihr Welpe mit seinen Wurfgeschwistern spielen, süße kleine Belle von sich geben und generell lernen, „wie man ein Hund wird".

In ihrem Gehirn passiert gerade eine Menge Entwicklungsarbeit:

Ihr Welpe lernt spielerische und soziale Fähigkeiten und gewinnt physische Koordination. Zu diesem Zeitpunkt sind sie zwar immer noch hauptsächlich von ihrer/ihren Bezugsperson(en) und Wurfgeschwistern beeinflusst, aber der Welpe ist bereit, die Welt jenseits „des Schneckenhauses" zu erkunden.

Nach fünf Wochen ist er bereit für konsequente menschliche Interaktion, und **in Woche sechs** wird er wissen, wer seine Lieblingsmenschen sind. Anders gesagt: hier hat die Prägung auf den Menschen stattgefunden.

Während des **zweiten Lebensmonats** ist Ihr Welpe auch bereit, die Grundlagen des Töpfchentrainings zu erlernen. Er ist immer noch zu klein, um den Harndrang "lange zu halten", so dass stündliche Töpfchenpausen am geeignetsten sind um beständige, positive Verstärkung aufrechtzuerhalten, bevor es dann nach draußen (Gassi) geht.

Es macht keinen Sinn, einen Welpen zu rügen, dies führt zur negativen Verstärkung und kann

Verhaltensirritationen nach sich ziehen.

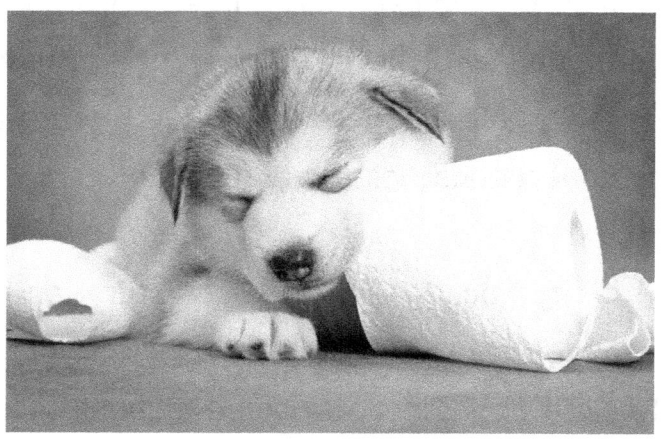

Erinnern Sie sich: Er hat gerade erst mit dem Töpfchentraining angefangen und es wird zudem noch aus biologischer Sicht mehrere Wochen dauern, bis er eine konsequente Blasenkontrolle erlangt hat. Gegen Ende des zweiten Monats ist es Zeit, einen Tierarzt zu konsultieren, um Impfungen und einen allgemeinen Check-Up durchzuführen. Typischerweise erhalten Welpen ihre erste Kombi-Impfung im Alter von etwa **acht Wochen**.

Der **dritte Lebensmonat** Ihres Welpen ist die wichtigste Phase für Bindung, Gehirnentwicklung und Training. Viele Haustiereltern werden ihre neuen Welpen erst im Alter von acht Wochen „so richtig" kennenlernen. Aber keine Sorge, dass Sie die interessanteste Zeit verpasst haben: Im dritten Monat beginnt die interessanteste und lustigste Zeit.

Wenn Sie Ihren Welpen aus einem Tierheim oder einer Rettungsgruppe (für entlaufende oder ausgesetzte Tiere) adoptiert haben, wird er wahrscheinlich schon frühkastriert sein. Leider führt dies zu einer entwicklungsbedingten Störung, sowohl was die körperliche als auch die psychische Entwicklung des Hundes angeht, wie im folgenden Exkurs aufgegriffen wird. Leider ist diese Praxis bei manchen „schwarzen Schafen" immer noch üblich und verbreitet.

Exkurs Kastration:

Eine frühe bzw. verfrühte Kastration kann für den Welpen zu einer Reihe von entwicklungsbedingten Störungen führen. Gerade die Entwicklung der äußeren Geschlechtsorgane wird durch diesen Eingriff gehemmt und kann sich nicht mehr fortentwickeln. Ursächlich hierfür ist unter anderem der für die Entwicklung der Geschlechtsorgane bedingte Hormonhaushalt. Dieser Eingriff in den natürlichen Hormonhaushalt des Welpen hat darüber hinaus auch Folgen für die allgemeine körperliche Entwicklung. So wird der Knochen- und Muskelaufbau gehemmt, mit der Folge, dass der Welpe, salopp gesagt, nicht weiter wächst und auf seinem körperlichen Entwicklungsniveau „stehen bleibt".

Auf der psychischen Ebene kann eine verfrühte Kastration dazu führen, dass sich eine Verhaltensstörung entwickelt und langfristig manifestiert. Der Welpe ist somit in seiner Persönlichkeitsentwicklung gestört und reift nicht nach.

Konkret kann sich dies in einer dysfunktionalen Verhaltensdisposition zum „kindlichen Erwachsenen" führen: der Hund bleibt auch im Erwachsenenalter auf der Welpenebene.

Der Spieltrieb kann mitunter exzessiv ausgeprägt sein, sodass Gehorsams- und Kommandobefehle gar nicht mehr angelernt werden können. Der Hund kann zudem sehr impulsiv sein und verliert seine Fähigkeit zur Selbstregulation und Aufmerksamkeitskontrolle.

Eine Kastration ist daher ein tiefgreifender Eingriff in die Entwicklung des Welpen und sollte unbedingt zum richtigen Zeitpunkt erfolgen. Auch wenn durch eine Kastration Risikofaktoren, wie Krebsentwicklung (Hodenkrebs bei Rüden, Mutterleibkrebs bei Hündinnen) neutralisiert werden, ist unbedingt darauf zu achten, den richtigen Zeitpunkt für eine Kastration zu wählen.

Bei Hündinnen sollte die Kastration erst bei der zweiten, dritten Läufigkeit erfolgen. Dieser Zeitpunkt gilt als ideal, da die Hündin dann bereits körperlich und psychisch voll entwickelt ist. Bei Rüden hingegen sollte eine Kastration in einem Alter zwischen 1,5 bis 2 Jahren erfolgen, je nach Charakter und Rasse.

Eine Alternative zur chirurgischen Kastration bei Rüden ist die chemische Kastration. Hierbei wird dem Rüden ein Chip in den Nacken eingesetzt, welcher chemische Substanzen produziert. In der Folge schrumpfen die Hoden und der Hormonhaushalt wird gehemmt.

Fraglich bei dieser Methode ist allerdings auch, ob dieser Eingriff normativ zu der verfrühten Kastration gerechnet werden kann.

Auf der anderen Seite bringt eine chemische Kastration Vorteile mit sich. Neben dem Wegfall der körperlichen Belastung durch die Narkose, bleiben die äußeren Geschlechtsorgane des Rüden erhalten. Zudem ist die Absetzung der Hormone durch den Chip auf ca. 6 bis 12 Monate begrenzt. Dies heißt, dass nach dieser Zeit der Hormonhaushalt des Rüden wieder autonom geregelt ist und das Hodenwachstum wieder voranschreitet.

Naturgemäß wird durch den wiedereingesetzten Hormonhaushalt, hier insbesondere durch die Sexualhormone, das Verhalten des Rüden beeinflusst. Es kann beim Umgang mit anderen Hunden zu leicht aggressivem Verhalten kommen, dies mal mehr, mal weniger stark ausgeprägt. Zudem können sich Ängste entwickeln.

Die chemische Kastration empfiehlt sich also als vorrangige Methode, um festzustellen, ob eine chirurgische Kastration später noch sinnvoll und notwendig ist. Indiziert kann eine chirurgische Kastration von Anfang an dann sein, wenn die Rüden bereits ein sehr hormonell gesteuertes Verhalten zeigen und aggressiv gegenüber Ihren Artgenossen sind.

Zu erwähnen ist an der Stelle allerdings, dass eine Leinenaggression nicht unbedingt in Zusammenhang mit einem nichtkastrierten Rüden steht. Es gilt also, das Verhalten des Rüden differenziert zu beobachten und entsprechend zu interpretieren, ggf. unter Zuhilfenahme eines Tierarztes oder eines bereits erfahrenen Hundebesitzers.

Schließlich sollen noch kurz die tierschutzgesetzlichen Vorgaben angerissen werden, demnach darf jeder Eingriff – ob chemisch oder chirurgisch – nicht ohne entsprechende Indikation erfolgen. Ein gesetzlicher Aspekt, der oftmals nicht „sehr genau" genommen wird.

Ab dem **fünften bis sechsten Monat** ist es spannend zu beobachten, wie die Knochen- und Muskelentwicklung schnell voranschreitet.

Ab diesem Zeitpunkt beginnt Ihr Welpe, Grenzen zu verschieben und fängt an, sich auf eine Art und Weise zu verhalten, die Sie als zunächst vielleicht als "ungezogen" empfinden. Denken Sie daran, dass er sich einfach weiterentwickelt.

Während des **fünften Lebensmonats** etablieren Hunde ihren Platz in der Hierarchie ihrer Häuser und der Welt insgesamt. Sie können Ihrem Welpen helfen, indem Sie das Haus "verpuppen", um sie vor Unfug zu bewahren. Dies kann bedeuten, Babytore zu benutzen, um den Zugang zu bestimmten Räumen einzuschränken, in geeignete Schrankverriegelungen und Mülleimer zu investieren um so für die erkundungsfreudigen Welpen mögliche „Gefahren" zu vermeiden.

Vier- bis fünf Monate alte Welpen testen auch ihre Flugreflexe, da sie mutiger und forschender werden und zu diesem Zeitpunkt sind sie wahrscheinlich nicht mehr bereit für das Spielen an der Leine. Ein Training mit positiver Verstärkung, einschließlich geeigneter Kurse mit anderen Hunden und ihren Besitzern, ist der beste Weg, um Ihren wachsenden Welpen glücklich, gesund und gut zu sozialisieren, zu fördern und zu fordern.

Sobald Ihr Welpe **seine ersten Impfungen** (inklusive Tollwutimpfung, die erst ab der 12. Lebenswoche stattfinden kann) erhalten hat, können Sie Ihren Welpen in den Gehorsamskurs (Hundeschule) bringen, was eine großartige Möglichkeit ist, ihm Selbstvertrauen und Fähigkeiten anzueignen und ihm viele positive Erfahrungen zu ermöglichen. In ihrem dritten Lebensmonat durchlaufen Welpen ein "Angst-prägungs-Stadium" und traumatische Erlebnisse können sich nachhaltig auswirken. Ähnlich wie beim Menschen. In dieser Phase ist es von besonderer Relevanz, ihnen viele angenehme, positive Erfahrungen zu vermitteln, damit sie lernen, sich mit der Umwelt aktiv aber zunächst vorsichtig bekannt zu machen. Dies kann beinhalten, viele und viele neue Leute zu treffen, verschiedene Umgebungen zu erkunden und (fremden) Geräuschen ausgesetzt zu sein.

Mit 12 Wochen, sollte die Persönlichkeit Ihres Welpen langsam gefestigt sein. Sie erkennen das daran, ob Ihr Welpe mutig oder schüchtern ist, herrisch oder ruhig, etc.

Zwischen **12-16 Wochen**, braucht der Welpe fortgesetzte Sozialisierung, um sich auf andere Welpen „anzulernen". Das Spielen mit anderen Hunden wird Ihrem Welpen helfen, gute soziale Fähigkeiten zu entwickeln.

Ihr Welpe gewinnt in diesem Alter immer mehr bleibende Zähne, was Ärger bedeuten kann, wenn Sie damit nicht umgehen können. Welpen benutzen ihr Maul, um die Welt zu erforschen, und wenn ihre erwachsenen Zähne ins Spiel kommen, können sie noch "mundartiger" werden, weil das Kauen sich einfach so verdammt gut anfühlt. Sie können Ihrem Welpen helfen, ihr Maul angemessen zu benutzen, indem Sie ihm viel Kauspielzeug geben und ihn sanft umleiten, wenn er mit seinen Pfoten im Mund ist.

In ihrem **sechsten Lebensmonat** mag Ihr

Welpe wie ein erwachsener Hund aussehen. Aber keine Sorge, er hat noch viel jugendliche Welpen-Energie übrig.

Monat sechs kann auch eine anstrengende Zeit sein. Sie haben es durch Tröpfchentraining und dem richtigen Umgang mit dem „Zähnen" geschafft, und jetzt ist Ihr Welpe offiziell ein „Jugendlicher" – um eine metaphorische Analogie reinzubringen. Wie die meisten Teenager können sechs Monate alte Hunde launisch und unberechenbar sein und eine "selektive Erinnerung" für all die Dinge entwickeln, an denen Sie beim Training gearbeitet haben. Aber keine Sorge, Ihr Welpe ist auf dem besten Weg, erwachsen zu werden, und Monat sechs ist der berühmte Turn-around und ein guter Vorbote für die nächste Zeit.

Hier kommen ein paar Fehler, die sich negativ auf die Entwicklung von Welpen auswirken

Erziehungsfehler:

Sie haben sich in einen niedlichen kleinen Welpen verliebt und ihn nach Hause gebracht. Und jetzt können Sie es kaum erwarten, mit Ihrem neuen vierbeinigen Freund zu kuscheln und zu rumzuhängen. Aber trotz der großen, niedlichen Augen und dem flauschigen Fell - wenn Sie ihn nicht mit konstanter Führung, konstantem Training und ausreichender Bewegung fördern und fordern, können sie ihm das Leben schwer machen, indem der Welpe sich nicht artgerecht entwickelt und eventuell eine Verhaltensstörung entwickeln kann.

Schreien oder mit erhobener Stimme:

Welpen sind wie Kinder, sind viel glücklicher, auf eine Bitte zu hören als wenn Sie mit schreiender oder übertrieben strenger Stimme angesprochen oder gar angeschrien werden. Zudem gilt:

Ein wütender Ton oder eine erhobene Stimme könnte dem Welpen signalisieren, dass Sie wütend auf ihn sind und den Hund dazu bringen, Sie zu meiden. Hieraus kann keine harmonische Hund-Mensch-Beziehung entstehen.

Diese Stimm-Art sollte nur in Ausnahmefällen benutzt werden und keine Dauerbeschallung für den jungen Hund sein. Wenn der Welpe aus einer Situation durch Ihre Kommandos nicht rauskommt (z.B. dauernd seinen Artgenossen anbellen, mobben etc) dann bitte nur kurz die Stimme erheben, wenn Sie gerade nicht in Reichweite Ihres Hundes sind um ihn durch Berührung aus der Situation raus zu holen. Klappt es beim ersten Mal nicht, dann sofort zum Hund gehen und ihn da raus holen.

Die richtige Art von Belohnungstraining:

Aus der psychologischen Forschung ist bekannt, dass Belohnungstraining (Belohnungslernen) der effektivste Weg ist, um neue

Fähigkeiten dauerhaft positiv zu konditionieren (zu lernen). Das gilt beim Welpen, wie beim Menschen.

Wenn der Hund antizipiert, welche Belohnung ihn erwartet, wird er wahrscheinlich jedes Verhalten zeigen, von dem er vermutet, dass er dadurch die Belohnung erhält. Wenn die Behandlung jedoch nicht vorhanden ist, fällt das Verhalten auseinander. Man spricht hier von Löschung.

Aber es gibt einen richtigen und einen falschen Weg, diese Belohnungen zu nutzen. Einer der größten Fehler, die Eltern von Hun-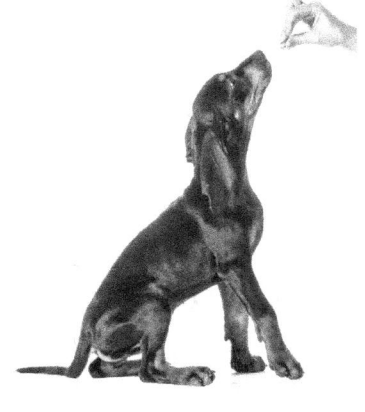den machen, ist es, dem Hund anhand eines Stichwortes einen Leckerbissen anzukonditionieren (Pawlowsche Konditionierung). Ein Beispiel: Sie halten einen sichtbaren Leckerbissen in ihrer Hand und bitten den Hund, eine Aktion auszuführen.

Anstatt das Leckerli dem Hund zu verabreichen, sollte es eine Abfolge von gewünschten, pädagogisch sinnvollen Handlungen geben. Das ist – im Gegensatz zur klassischen und weniger effektiven Konditionierung – die operante Konditionierung, durch welche pädagogisch sinnvolle Elemente wie Belohnungsaufschub usw. erlernt werden.

Zu Anfang geben Sie dem Welpen beim Erlernen eines Kommandos wie „Sitz" oder „Platz" in weniger als 3 Sekunden ein Leckerli, damit dieser es mit dem Befehl verbindet. Wenn der Welpe ohne Probleme und zögern auf Befehl „Sitz" oder „Platz" machen kann, führen Sie die Leckeries langsam weg und belohnen Sie den Hund mit aufregenden freundlichen Knuddeln und Spielen (z.B. „Ja fein! Das hast du super gemacht, toll gemacht!" Also man mit einem Kind reden würde), denn das Spielen mit dem Besitzer stärkt die Bindung bei Weitem. Ab und zu kann immer noch ein Leckeri kommen aber es sollte keine Selbstverständlichkeit sein, denn sonst führt der Hund nur dann Befehle aus, wenn es auch einen Leckerli gibt - vorher hört er nicht auf Sie.

Keine physische Bestrafung:

Wenn schon von den verschiedenen Methoden der Konditionierung gesprochen wird, so ist physische Bestrafung, wie Schläge eines der schädlichsten „Erziehungsmethoden" überhaupt. Nicht nur, dass die Hund-Mensch-Beziehung massiv gestört wird, des Weiteren können sich traumatische Störungen bilden und Aversionen gegenüber bestimmten Situationen (Trauma-Gedächtnis). Dies führt häufig auch zu einem ängstlichen oder zurückgezogenen Hund.

Zusammenfassend:

Regelmäßigkeiten und feste Abläufe einbauen: Oft bringen wir einen Hund nach Hause, haken die Leine aus und legen sie "frei", ohne darüber nachzudenken, was wir tun oder lassen sollen.

Wenn er anfängt, Dinge zu tun, die wir für schlecht halten, versuchen wir,
ihn fälschlicherweise dafür zu bestrafen (siehe oben). Manchmal erlauben wir ihm, für ein paar Wochen etwas zu tun und ändern dann willkürlich die Regeln.

Das schafft Verwirrung und ruft beim Welpen oder beim erwachsenen Hund Irritation hervor und ist pädagogisch überhaupt nicht sinnvoll. Bevor Sie einen neuen Hund oder Welpen in das Haus bringen, setzen Sie sich mit Mitgliedern des Haushalts zusammen und entscheiden Sie, was der Hund tun darf und was nicht.

Wählen Sie, wo der Hund schlafen darf, ob er auf den Möbeln sein darf, wann er gefüttert wird, Gassi geht usw. Regeln und Regelmäßigkeiten, bereits am Anfang zu setzen ist ein großer Schlüssel zum Erfolg.

CALMING SIGNALS - BESCHWICHTIGUNGSSIGNALE

Calming Signals, übersetzt als Beschwichtigungssignale, sind eine ganze Reihe von Körpersprachsignalen, die Hunde verwenden, um gesunde Beziehungen zu pflegen und Konflikte zu lösen, ohne auf aggressives Verhalten zurückgreifen zu müssen.

Diese Signale treten oft früh in den Interaktionen auf, sobald ein Hund sich bewusst wird, dass eine Situation „beruhigt" werden muss.
Diese Facette der Hunde-Kommunikation wurde naturgemäß entwickelt, um Hunden dabei zu helfen, sich selbst und andere angesichts von Stress zu beruhigen. Darüber hinaus nutzen viele Hunde Beschwichtigungssignale, um einfach nur guten Willen zu zeigen.

Hunde, die nicht in der Lage sind, solche Signale zu signalisieren und / oder angemessen darauf zu reagieren, befinden sich oft in einer misslichen Lage. Beschwichtigungssignale haben im Wesentlichen auch einen funktionalen Charakter: damit will der Hund signalisieren, dass das Individuum, mit dem es kommuniziert, sein Verhalten versteht und ändert bzw. angemessen anpasst.

Alle Hunderassen haben ein Repertoire an Beschwichtigungssignale; Einige sind jedoch aufgrund der Unterschiede in ihren physikalischen Eigenschaften, also ihrem Körperbau, stärker ausgeprägt als bei anderen.
Manchmal sind diese Signale sehr subtil und manchmal eher offener, oft abhängig von der Bedrohungslage, die ein Hund in einer aktuellen Situation gerade verspürt. Viele Beschwichtigungssignale scheinen bei Hunden fest verankert zu sein. So können Welpen beispielsweise schon am ersten Tag, wenn sie abgeholt, gähnen.

Auch dies ist ein Signal. Hunde verlieren nie ihre „Sprache", aber wenn sie nicht die Möglichkeit haben, ihre Signale zu üben, oder wenn sie versehentlich für ihre Verwendung bestraft werden, können Beschwichtigungssignale unterdrückt werden, was sich in einen Teufelskreis verwandeln kann. Ähnlich wie beim Menschen, werden Signale, die als Kommunikationsträger dienen, gehemmt und unterdrückt, was zu späteren Verhaltensstörungen führen kann. Daher ist es sehr wichtig, die Signale richtig zu deuten und als Hundebesitzer/in entsprechend darauf zu reagieren.

Die Augen abwenden

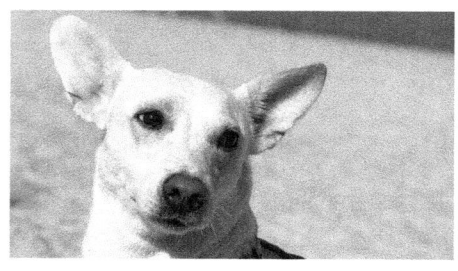

Augenkontakt ist oft das erste Anzeichen von Stress, der bei einem Hund beobachtet wird. Wenn Ihr Hund nervös wird, wenn sich ein anderer Hund oder eine andere, unbekannte Person nähert, kann er seinen Kopf von einer Seite zur anderen drehen oder sich einfach abwenden. Dies signalisiert, dass sich ihm jemand zu schnell oder zu direkt nähert.

Schnalzen über der Hundenase

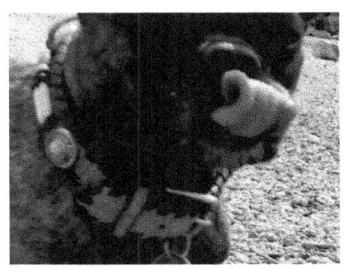

Ein schnelles Schnalzen der Zunge über der Hundenase ist ein allgemein Beschwichtigungssignal. Es wird oft in einer für den Hund sehr angenehmen Situation gesehen bzw. wenn der Hund sich behütet und versorgt fühlt.

Schnüffeln

Schnüffeln als Beschwichtigungssignal muss für eine korrekte Interpretation immer in dem Kontext betrachtet werden, in dem es erscheint. Natürlich schnüffeln Hunde aus anderen Gründen als nur Stress anzuzeigen.

Gähnen

Gähnen ist im Allgemeinen ein Beschwichtigungssignal (siehe Welpen). Der Hund kann gähnen, wenn sich jemand über ihn beugt, 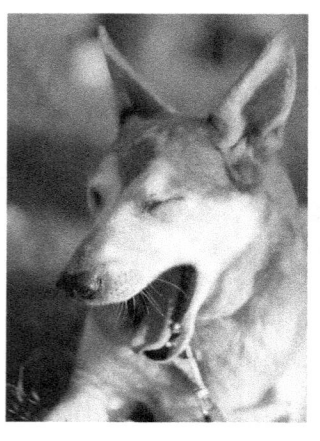 wenn Sie wütend klingen, wenn in der Familie geschrien und gestritten wird, wenn der Hund beim (ihm bekannten) Tierarzt ist, wenn jemand direkt aber langsam auf den Hund zugeht, wenn der Hund vor Glück aufgeregt ist und Vorfreude zeigt und in vielen anderen Situationen.

Andere Tiere nutzen die Kommunikation durch das Gähnen ebenfalls als Signal, um anzuzeigen, dass Sie sich in einer entspannten emotionalen Lage befinden, unabhängig von der äußeren Situation. Dies funktioniert auch andersrum: Menschen können dieses Signal (sofern auf Abruf möglich) verwenden, um leicht gestresste Hunde zu beruhigen.

Hunde können gähnen, wenn sie in stressigen Situationen wie beim (Achtung: noch unbekannten) Tierarzt oder bei einem Streit in der Familie sind. Wenn sich Ihr Hund gestresst fühlt, kann das Stehenbleiben und Gähnen dem Hund helfen, sich selbst zu entspannen. Es ist quasi eine Art Selbstberuhigungsfähigkeit.

Spielaufforderungsgeste

Hunde verwenden ebenfalls einen „Spielbogen" (Vorderbeine 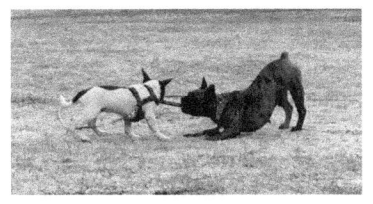 und Brust auf dem Boden mit Hinterbeinen in der Luft), um ein Spiel zu beginnen oder ein anderes Tier zu beruhigen, von dem sie sich nicht sicher fühlen. Sie können einen Spielbogen erzeugen, um so die für Sie unbekannte Situation zu entspannen.

Lecken

Lecken ist ein Signal, das oft verwendet wird, vor allem bei schwarzen Hunden, Hunden mit viel Haar im Gesicht und anderen Hunderassen, deren Gesichtsausdruck aus irgendeinem Grund schwieriger zu erkennen ist als bei Hunden mit helleren Farben, sichtbaren Augen und langen Nasen. Dies hat die Natur vorgesehen, um eben auch diesen Hunden die Möglichkeit einer indirekten Kommunikation zu ermöglichen.

Manchmal ist es nichts weiter als ein sehr schneller Schnalzer mit der Zunge, die Zungenspitze ist kaum sichtbar außerhalb des Mundes und nur für eine kurze Sekunde. Aber andere Hunde sehen es, verstehen es und reagieren entsprechend adäquat darauf.

Wegdrehen des Kopfes

Der Hund kann seinen Kopf leicht zur Seite drehen, den Kopf komplett zur Seite drehen oder sich komplett umdrehen, so dass der Rücken und der Schwanz demjenigen zugewandt sind, der den Hund zunächst beunruhigt. Dies ist eines der Signale, welches die meiste Zeit bei Hunden zu beobachten ist.

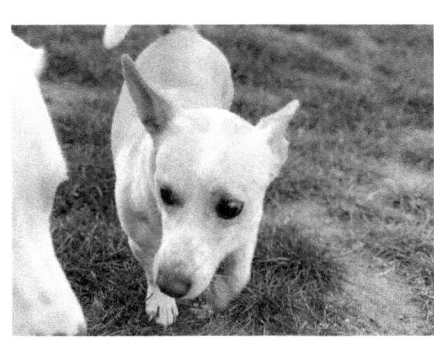

Wenn sich jemand unbekanntes dem Hund von vorne, also mit Blickkontakt nähert, wird er sich wahrscheinlich auf eine dieser Arten abwenden. Wenn Menschen oder andere Hunde wütend, aggressiv oder bedrohlich erscheinen, kann dieses Signal beim Hund beobachtet werden. Wenn der Hund überrascht wird oder einer für ihn

unbekannten bzw. neuen Situation entgegen-
steht, wird er sich schnell abwenden.

Dasselbe passiert, wenn jemand den Hund
bedrohlich anstarrt oder befremdlich handelt.
In den meisten Fällen soll dieses Signal dazu
dienen, eine beruhigende und entspannte Situation herzustellen.

Langsam gehen

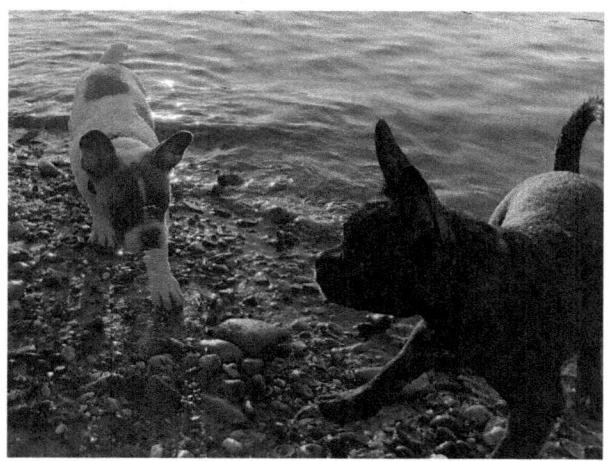

Eine hohe Geschwindigkeit, beispielsweise
beim für den Hund noch unbekannten „Joggen
mit dem Hund", kann dazu führen, dass der
Hund sich irritiert und verunsichert fühlt. Dies

resultiert teilweise aus dem angeborenen Jagdverhalten mancher Hunde (je nach Hunderasse mehr oder weniger stark ausgeprägt) und wird durch den Anblick eines laufenden Menschen oder Hundes ausgelöst.

Wenn derjenige, der rennt, direkt auf den Hund zugeht, bedeutet dies eine Bedrohung und ein Abwehrmechanismus setzt ein. Ein Hund, der unsicher ist, neigt dazu, sich langsam zu bewegen.

Einfrieren bzw. Fight or Flight

„Einfrieren" bedeutet in diesem Kontext, wenn der Hund abrupt stoppt und völlig ruhig bleibt, oft aus dem Augenwinkel schauend.
Es wird angenommen, dass dieses Verhalten etwas mit dem Jagdverhalten zu tun hat - wenn die Beute rennt, greift der Hund an. Sobald die Beute stoppt, stoppt auch der Hund. Dieses Verhalten kann oft beobachtet

werden, wenn Hunde Katzen jagen.

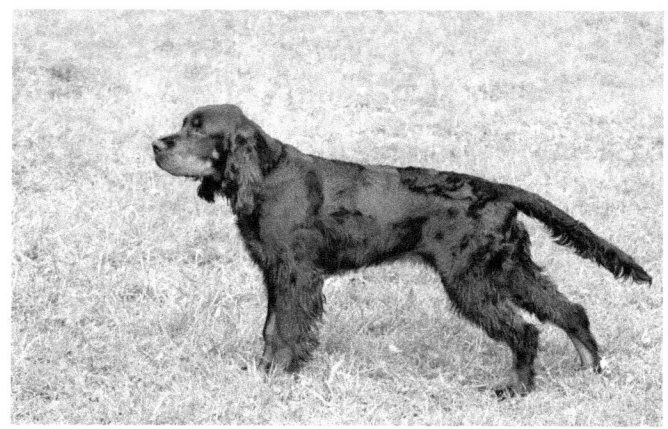

Zugleich wird diese Verhaltensweise auch in vielen verschiedenen anderen Situationen verwendet. Wenn Sie wütend und aggressiv werden und bedrohlich erscheinen, „friert der Hund oft ein" und bewegt sich nicht, um Ihnen somit zu anzuzeigen, sich zu beruhigen.

Eine andere Beobachtung: manchmal kann der Hund langsam gehen, einfrieren und sich dann clangsam wieder bewegen. Sehr oft bleibt ein (gut erzogener) Hund stehen, wenn sich jemand nähert. Befindet sich ein Hund in einer Konfliktsituation mit einem Menschen oder einem anderen Hund und kann nicht entkommen, kann das Einfrieren ein Versuch sein, den anderen Hund oder die andere Person zu beruhigen.

Auch hier spielt die Neurobiologie eine entscheidende Rolle: Bei einer plötzlich einsetzenden Angstsituation kommt es zum sogenannten „Fight or Flight"-Verhalten, in dem der Hund entweder beginnt, aggressiv zu werden oder in der oben beschriebenen Art und Weise „einfriert", also ganz ruhig wird.

Hinsetzen

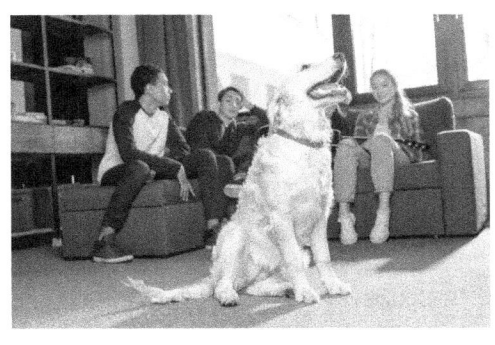 Sich hinzusetzen oder ein noch stärkeres Signal, sich mit dem Rücken zu jemandem hinzuwenden hat für den Hund eine sehr beruhigende Wirkung.

Es wird oft beobachtet, wenn ein Hund einen anderen Hund beruhigen möchte, der sich ihm zu schnell nähert. Eine in dieser Form ähnliche Verhaltensweise: Hunde setzen sich mit dem Rücken zum Besitzer hin, wenn er oder sie zu streng oder wütend klingt.

Diese wird oft missverstanden und von den Besitzern als „der Hund ist beleidigt" deklariert.

Seitlich versetzt gehen

Dieses Signal wird häufig als Beschwichtigungssignal verwendet und ist der Hauptgrund, warum Hunde so aufgeregt in der Begegnung mit anderen Hunden reagieren und sich ihnen in einem seitlich versetzten Gang nähern.

Ihre Instinkte sagen ihnen nämlich, dass es „falsch" ist, sich einem anderen Hund frontal zu nähern, da es oft mit einem direkt Angriff in Verbindung steht. Das seitliche Nähern signalisiert so dem gegenüber, dass von dem Hund, der sich seitlich nähert, keine Gefahr besteht.

Hunde zu zwingen, sich einander frontal zu nähern, kann dazu führen, dass sie sich ängstlich und defensiv fühlen und verhalten, und möglicherweise zu aggressivem Verhalten neigen.

Mit dem Schwanz wedeln - nicht immer einfach zu interpretieren

Wenn ein Hund Anzeichen von Angst, Stress oder irgendetwas verspürt, was mit Beruhigung offensichtlich wenig zu tun hat, ist ein wedelnder Schwanz nicht immer ein Ausdruck von Glück. Ein wedelnder Schwanz ist nichts weiter als die Erregung (positive als auch Negative) des Tieres an sich. Hier ist also immer die jeweilige Situation, in der Hund (und Hundebesitzer) sich befinden, zu analysieren.

Urinieren

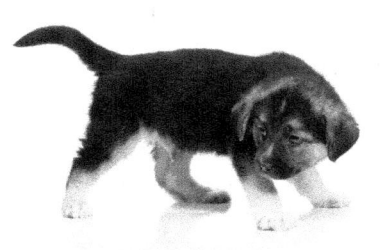

Hunde markieren Objekte oder Orte mit Urin, um den Raum bzw. das Territorium als ihr eigenes zu beanspruchen. Das gemeinsame urinieren dient auch der Gruppenzusammengehörigkeit bzw. Ist ein soziales Verhalten ähnlich dem Smalltalk der Menschen.

Albernes Verhalten – welpenhaft

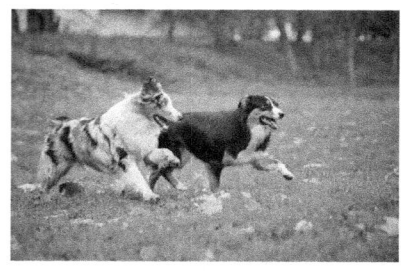

Manche bereits erwachsene Hunde verhalten sich wie Welpen, springen herum und verhalten sich albern, werfen Stöcke herum usw., wenn sie in der Nähe einen ängstlichen Hund entdecken. Dies soll ebenfalls eine beruhigende Wirkung haben.

Hinlegen

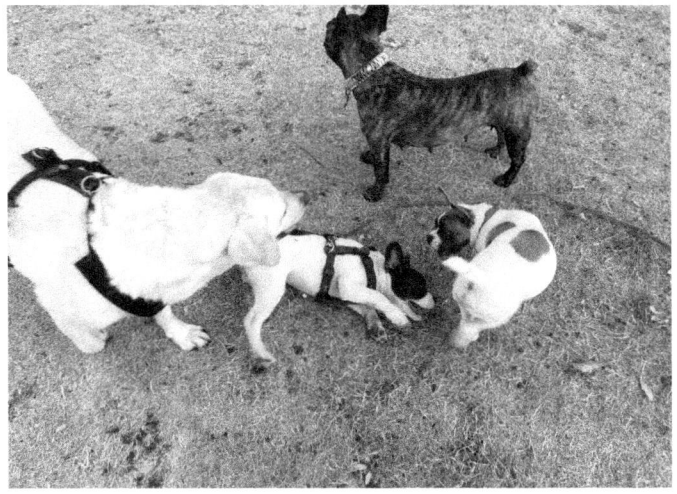

Diese Verhaltensweise kann gesehen werden, wenn – beispielsweise bei Welpen -das Spiel zu rau wird. Anders gesagt: wenn aus dem Spieltrieb irgendwann der Übergang zu einer Situation erfolgt, in dem der Hund sich aufgrund der Hektik unwohl fühlt. Kleiner Tipp am Rande: Hundebesitzer/innen können das auch nutzen, indem sie sich hinlegen, wenn der

Hund zu aufgeregt wird.

Dazwischendrängen - Splitmodus

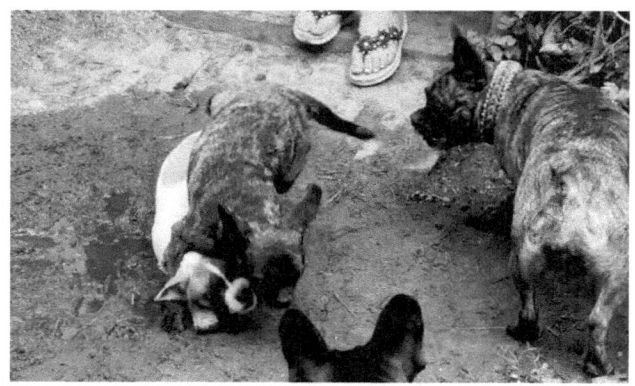

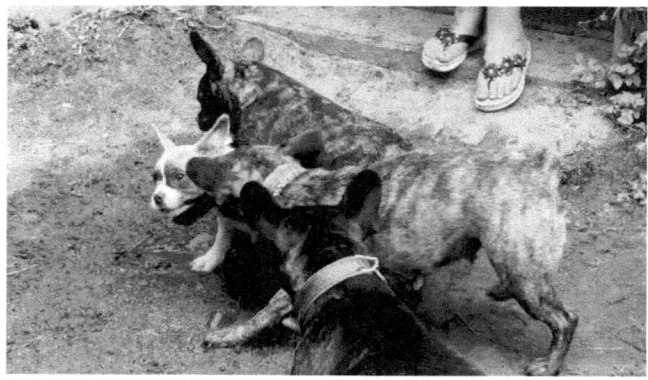

Dies ist leicht zu beobachten, wenn mehrere Hunde miteinander interagieren.

Wenn die Spannungen zwischen zwei Hunden beginnen etwas anzusteigen, könnte ein dritter Hund versuchen, seinen Körper zwischen die beiden Hunde zu drängen. Hunde tun dies bemerkenswerterweise auch dann, wenn sie Spannungen zwischen Menschen wahrnehmen.

Auch wiederum ein kleiner Tipp für Sie als Hundebesitzer/in: Wenn ein Hund durch etwas, das er aus der Entfernung sieht, angespannt oder irritiert wird, können Sie zwischen dem Hund und dem Objekt stellen und so den Blickkontakt verhindern.

Wann hören Hunde auf, Beschwichtigungssignale zu geben?

Laut Rugaas hören Hunde in folgenden Situationen auf, Calming Signals zu verwenden:

* Wenn sie für die Verwendung der Signale in der Vergangenheit bestraft wurden.
* Wenn sie in der Vergangenheit trotz Beschwichtigung angegriffen wurden.
* Wenn der Stresslevel zu hoch ist.

Jetzt noch zwei kleine aber effektive Tipps für Sie als Hundebesitzer/in:

Lächeln - Zeigen Sie dem Hund ein Beschwichtigungssignal, entweder indem Sie die Mundwinkel nach oben ziehen oder schlichtweg indem Sie einfach grinsen.

Hinlegen - Wie bereits oben erwähnt, können Hundebesitzer/innen eine beruhigende Wirkung auf den Hund haben, indem sie sich hinlegen, wenn der Hund zu aufgeregt oder zu angespannt ist. Dies machen oft die Züchter bei Ihren Welpen um so das Gewusel etwas aufzulösen. Praktisch gesehen, wäre diese Geste nur zuhause möglich. Draußen empfiehlt es sich statt sich hinzulegen, was sowieso keiner tun wird, einfach in die Hocke zu gehen.

DOMINANZ UND PROBLEMVERHALTEN BEIM HUND

Unter Dominanz versteht man in der Biologie und in der Anthropologie einen Zustand, in welchem ein oder mehrere Individuen gegenüber anderen Individuen einen hohen sozialen Status aufweisen, worauf letztere unterwürfig reagieren. Das Gegenteil von Dominanz ist Unterwürfigkeit bzw. Subdominanz. Dominanz-Hierarchien sind bei vielen Tieren einschließlich der Primaten zu finden und auch beim Menschen.

Individuum A schränkt die Rechte und Freiheiten von Individuum B ein und gesteht sich selber diese Rechte und Freiheiten zu, was von B akzeptiert wird. Dominanz ist immer beziehungsspezifisch und ist zeit- und situationsabhängig.

Dies bedeutet, dass Dominanz keine Charaktereigenschaft ist, sondern etwas über die Beziehung zwischen zwei Individuen aussagt. Oder anders: ein Individuum kann nur so dominant sein, wie das andere Individuum dies zu einem bestimmten Zeitpunkt und in einer bestimmten Situation zulässt. Unter Hunden geht eine dominante Position oft einher mit dem Vorrecht zur Paarung und dem Einfordern von Respektsbekundungen.

Inwieweit der dominante Hund den unterlegenen Hund einschränkt, hängt sehr vom individuellen Charakter ab. Meist beschränkt es sich auf das situationsabhängige Einfordern einer Individualdistanz und eines insgesamt respektvollen Verhaltens. Einige Hunde bestehen auch auf ihre Lieblingsliegeplätze oder verteidigen ihr Spielzeug gegenüber ihrem hündischen Mitbewohner.

Falsch dagegen ist, dass der dominante Hund sich grundsätzlich nicht auf Spielaufforderungen des rangniedrigeren Hundes einlässt oder dass der untergeordnete Hund selbst in Abwesenheit des dominanten Hundes nie an dessen Futter oder Liegestelle gehen würde.

Ebenso dürfen rangniedere Hunde sich frei bewegen (sofern sie keinen ranghohen dabei stören) sowie eigenständig jagen (z.B. Mäuse) und ihre Beute auch gegen ranghohe verteidigen. Aufgaben sind meist verteilt. Nicht nur ranghohe sind für das Wachen zuständig und es gehen auch nicht immer die ranghohen vorne weg. Zu einer ranghohen Position gehören allerdings meist ein souveränes, sicheres und selbstbewusstes Auftreten, Führungskompetenz und eine gewisse Lebenserfahrung. In schwierigen Situationen wird dem ranghohen Hund zugetraut, dass er die Situation richtig einschätzen kann und eine angemessene Reaktion vorgibt.

Umso verwunderlicher ist es, dass viele Menschen hinter jedem unerwünschten Verhalten ihres Hundes gleich Dominanz vermuten und ein großes Regularium zur Eindämmung von

Dominanzverhalten aufstellen.

Es mag einfach und verlockend klingen, dass sich alle Erziehungs- und Verhaltensprobleme alleine durch die Einhaltung einiger Verhaltensregeln lösen lassen.

Man hört und liest es immer wieder: der Hund zieht an der Leine, kommt nicht, wenn man ihn ruft oder verteidigt Ressourcen und folgert daraus: das muss Dominanzverhalten sein. Dann gibt es Regeln wie zum Beispiel: vor dem Hund durch die Tür gehen, den Hund nicht aufs Sofa lassen und automatisch sollen sich alle Probleme in mit der Zeit selbst auflösen... Aber stimmt das wirklich?

Was ist es, wenn nicht Dominanz?

Orientierung des Hundes an seinem Menschen

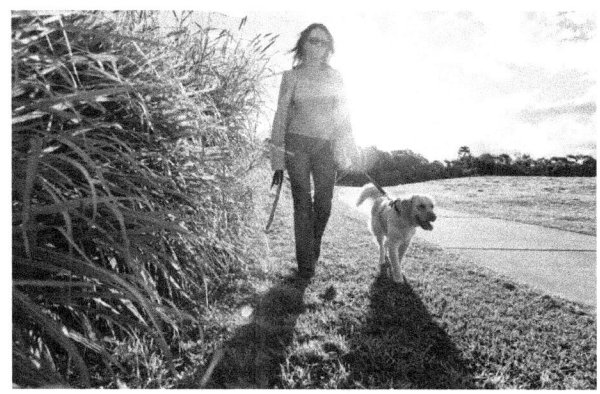

Eine wichtige Rolle, ob ein Hund sich auch in kritischen Situationen an seinem Menschen orientiert, spielt Vertrauen. Vertrauen des Hundes darauf, dass sein Mensch die Situation im Griff hat, richtige Entscheidungen trifft und ihn beschützen kann.

Gerade aggressives Verhalten des Hundes wird gerne mit Dominanzverhalten erklärt, obwohl Aggressivität meist aus Angst entstehen kann. Ursachen können schlechte Erfahrungen sein, schlechte Sozialisierung oder ein generell un-sicheres, nervöses Wesen. Vermittelt der Men-sch seinem Hund dann keine Sicherheit und dass er sich kümmert, wird der Hund somit gezwungen, die für ihn gefährlich scheinende

Situation selbst zu lösen. Ein unsicherer Hund ist damit aber überfordert und schießt oft über das Ziel hinaus.

Ebenso ist es wichtig, dass der Hund seinen Menschen richtig und adäquat einschätzen kann. Dazu gehört, dass der Mensch seinem Hund ein klares Feedback gibt, dass der Hund einordnen kann.

Ein Hund lebt im Hier und Jetzt, er wird es nicht verstehen, für eine Tat bestraft zu werden, die in der Vergangenheit liegt. Sowohl Lob als auch Strafe müssen unmittelbar erfolgen, um dem Hund ein Lernen zu ermöglichen und ihn nicht zu verunsichern.

Auch kennen Hunde keine Ausnahmen. Was soll der Hund verknüpfen bzw. langfristig im Gedächtnis assoziieren, wenn man ihn an einem Tag selbst entscheiden lässt, wie lange er auf ein Platz-Kommando hin liegen bleibt und am nächsten Tag straft man ihn dafür? Oder wenn man sich eine Zeit lang von seinem

Hund durch die Gegend ziehen lässt, bis man irgendwann die Nase voll hat und für den Hund aus heiterem Himmel ein geschnauztes „Fuß" und zeitgleich ein Ruck kommt.

So scheitert es eher selten an der Dominanz des Hundes, sondern eher an mangelhafter Kommunikation oder Inkonsequenz des Menschen, wenn etwas nicht so klappt, wie der Hundebesitzer es gerne hätte.

Vieles von dem, was als gerne als Dominanzverhalten bezeichnet wird, liegt auch darin begründet, dass Hunde gerne Aufmerksamkeit bekommen, gerne gestreichelt werden, gerne fressen oder gerne bequem liegen.

Sie sind in diesen Punkten Egoisten: Warum sollten sie auf etwas Angenehmes verzichten, wenn sie nicht müssen? Warum sollten sie nicht zumindest versuchen, ob nicht doch Futter, ein Spiel oder Streicheleinheiten „zu bekommen" sind? Hunde probieren verschiedene Strategien aus, um ihre Ziele zu erreichen: aus Genussgründen, und nicht immer nur zum Zwecke der Übernahme von Rudelherrschaft. Es liegt am Menschen, ob der Hund mit einer Verhaltensstrategie Erfolg hat und es in Zukunft öfter zeigt oder eben nicht.

Ein letzter Punkt: es ist für sozial lebende Wesen unabdingbar, die Regeln des Zusammenlebens in einer Gruppe zu lernen. Dazu gehört auch, dass ein Hund austestet, was sich für ihn lohnt und welche Verhaltensweise für ihn welche Konsequenzen hat. Dies tut er nicht, um die Rudelführung zu übernehmen, sondern es gehört dazu, wenn er sich in seiner Umwelt zurechtfinden will. Wichtig ist, dem Hund eine verlässliche Führung zu geben, ihm aber auch seine Grenzen aufzuzeigen.

PROBLEMVERHALTEN:

MEIN HUND HÖRT NICHT

Die Gründe können vielfältig sein. Der Hund hat das Kommando noch nicht verstanden oder es noch nicht genügend generalisiert.

Der Hund ist extrem abgelenkt. Der Hund ist gestresst oder ängstlich. Oder der Hund sieht keinen Grund zu hören. Es kann tatsächlich sein, dass der Hund den Menschen (in dieser Situation) nicht als kompetente Führungspersönlichkeit erlebt und deshalb abwägt, inwiefern die Anweisungen seines Menschen Sinn machen und sich gegebenenfalls anders entscheidet.

Ein weiterer Punkt ist, dass Hunde sehr viel mehr auf Stimmungen und Körpersprache reagieren, als auf gesprochene Worte. So kann es durchaus sein, dass der Hundebesitzer durch eine „irritierende" Körpersprache seinem Hund tatsächlich etwas völlig anderes vermittelt, als er mit dem Kommando eigentlich möchte.

Tatsächlich geben sich Hunde untereinander keine Kommandos im Sinne von „Tu dies". Sie teilen eher mit: „lass mich in Ruhe", „dies ist meins" oder „hör mit dem Blödsinn auf".

Ein Beispiel aus der genetisch benachbarten Verhaltensweisen von freilebenden Wolfsrudeln: dort orientieren sich die Nachwuchswölfe an den Verhaltensvorgaben ihrer Eltern, weil es für sie Sinn macht. Junge Wölfe spielen und springen bei Wanderungen umher. Irgendwann merken sie, dass es wesentlich Kräfte sparender ist, im gleichmäßigen Trab oder bei Schnee in der Spur der Alttiere zu laufen. Auch das koordinierte Jagen lernen sie dadurch, dass sie sehen, wie die Alttiere mit dieser Verhaltensweise Erfolg haben. Kommandos in dem Sinne gibt es nicht.

Doch zurück zu den Hunden:

Im Zusammenleben mit dem Menschen in eng besiedeltem Raum ist es jedoch unabdingbar, dass Hunde lernen, auf bestimmte Kommandos zuverlässig zu hören. So kann man ihnen mehr Freiheit geben, ohne dass sie sich in Gefahr bringen oder andere belästigen.
Um auf ein menschliches Kommando zu hören, muss der Hund es richtig verknüpfen, generalisieren und er braucht auch einen guten Grund, es zu befolgen.

Nehmen wir als Beispiel das Kommando „Sitz". Da es unter Hunden kein natürliches Verhalten gibt, wie etwas, dass Hund A Hund B mitteilt, dass er sich setzen soll, müssen wir es dem Hund mit menschlichen Mitteln beibringen.

Am Anfang bedeutet das, dass der Hund seine Position (Hintern auf dem Boden) mit dem Lautzeichen „Sitz" verbindet und langfristig verknüpft.

Idealerweise bringt der Mensch den (noch un-konditionierten) Hund körperlich in diese Position oder er lockt ihn über Futter oder clickert (Clicker-Training).

Bald setzt sich der Hund tatsächlich auf das Kommando hin. Aber warum tut er das? Bringt man dem Hund das Kommando über körperliche Einwirkung bei, so lernt der Hund, dem unangenehmen Gefühl zu entgehen, wenn er sich „freiwillig" setzt. Dies entspricht der negativen Verstärkung aus der psychologischen Lerntheorie (indem ein aversiver Reiz durch ein entsprechendes Verhalten vermieden werden kann).

Arbeitet man dagegen mit dem Instrument der Belohnung bzw. positiven Verstärkung, lernt der Hund: Aha, es folgt etwas Angenehmes, wenn er sich auf das Signal hin setzt. Aber wie enkodiert der Hund das Signal „Sitz"? Meist bringt man dem Hund das Kommando „Sitz" vor oder neben sich bei. So ist die Wahrschein-lichkeit groß, dass der Hund mental repräsen-tiert: „Sitz = mein Hintern berührt den Boden, während ich mich vor oder neben meinem Herrchen/Frauchen befinde". Ebenso kann er verbinden, dass dazu eine bestimmte Unter-lage, ein Teppich gehört. Und woher soll der Hund wissen, wie lange er sitzen bleiben soll?

„Sitz" für längere Zeit oder aus der Bewegung oder im Freien oder auf Distanz ist für den Hund erst mal wieder etwas völlig Neues. Ebenso, sich zu setzen, wenn sein Mensch flach auf dem Boden liegend oder mit dem Rücken zum Hund das Kommando gibt. Oder auch aus dem Platz-Kommando heraus „Sitz" zu machen. Damit der Hund lernt, dass „Sitz" in all diesen Situationen das Gleiche bedeutet, muss er dieses Kommado „Generalisieren".

Auch dies ist ein lernpsychologisches Phänomen, welches einen Reiz auf andere Sit-uationen ausweitet und verknüpft, auch bekannt unter dem Fachbegriff „Bevahiour Shapping". Ganz wichtig ist, dass der Mensch für sich selbst definiert, was genau er unter Sitz versteht und auch, ob er ein Auflösungskommando (wenn, dann immer!!) verwenden will.

Und nach wie vor braucht der Hund einen Grund, zu hören, also eine positive Verstärkung: Schlecht sind z.B. Angst vor Strafe, besser ist oder Hoffnung auf Lob oder ein Leckerli. Nach vielen Wiederholungen kann die Verknüpfung im Gehirn sich manifestieren, so dass das Befolgen des Kommandos ein Automatismus wird, zumindest in reizarmen Situationen. Die Gründe, warum ein Hund selbst auf so ein scheinbar einfaches Kommando wie „Sitz" nicht hört, sind also vielfältig und haben mit Rangordnung und Dominanz meist nichts zu tun.

MEIN HUND STÜRMT ALS ERSTER DURCH DIE TÜR

Es gibt Hunde, die tatsächlich von rang-
niederen erwarten, dass diese nicht respektlos
rempelnd und bellend an ihnen vorbei stürmen. Der rangniedere wiederum kann lernen,
sein Verhalten entsprechend anzupassen.
Dagegen gibt es keine Regel unter Hunden,
dass der dominante Hund immer als erster
durch eine Tür geht oder auch immer vorne
weg geht. Die Dominanz wird dadurch ausge-
drückt, dass der ranghöhere in der jeweiligen
Situation seinen momentanen Willen durchsetzen kann.

Den meisten Hunden, die in Mehrhundehaltung
der dominante Part sind, ist es egal, ob ein
rangniederer vor ihnen durch die Tür stürmt.
Gerade junge Hunde sind oft voller Tatendrang
und Energie und können es kaum erwarten,
raus zu kommen, während die Alttiere

gelassener reagieren. Die jüngeren stellen dadurch nicht die Rangordnung in Frage, sie sind lediglich ein wenig übermütig.

Falls es für einen Menschen einen guten Grund gibt, den Hund nicht vor sich durch die Tür gehen zu lassen, macht die Regel, selbst vorne weg zu gehen, natürlich Sinn. Ansonsten ist es für die Rangordnung nur insofern von Belangen, dass der Mensch eine Regel aufstellt und auch durchsetzt. Das kann aber auch jede beliebige andere Regel sein.

MEIN HUND ZIEHT AN DER LEINE

Mit Dominanz hat das Ziehen an der Leine in den seltensten Fällen etwas zu tun. Oft ist dieses Problem hausgemacht. Der Welpe zieht irgendwohin, der Hundebesitzer bzw. Hundebesitzerin denkt sich "prima, er will auf die Hundewiese", oder Welpe zieht irgendwohin und Mensch denkt sich "wie süß, der hat Interesse an xy" oder Hund zieht zwar, aber Mensch hat es eilig, also lässt er mal Fünfe gerade sein und es durchgehen.

Doch der Hund verknüpft in jedem Fall: Zug = ich komme da an, wo ich hin will.

Und schon bildet sich bei längerer zeitlicher und kognitver Kontigenz ein für den Menschen unerwünschtes Verhaltesnmuster heraus.
Ein Welpe zieht dabei nicht, weil er stur ist oder seine Grenzen austesten will. Er sieht einfach wenig Sinn darin, neben seinem Be-

sitzer herzudackeln, wenn die Welt so aufregend ist, er spielen und alles erkunden will. Und für einen Welpen, der gerade mal ein paar Wochen alt ist, ist so ziemlich alles spannend. Dazu kommt, dass das Grundtempo eines Hundes höher ist, als das eines Menschen. Der Hund trabt, wenn er sich ausdauernd und gleichmäßig vorwärts bewegen möchte, der Mensch dagegen geht.

Ein Hund hat außerdem ein Ziel, einen Grund, sich vorwärts zu bewegen. Ein Hund erkundet, wacht, markiert oder wartet auf Aufgaben.

Eine Leine ist für Hunde erst mal eine nicht nachvollziehbare Einschränkung, wobei sich für den Hund das Problem am anderen Ende der Leine befindet.

Auf Druck erfolgt Gegendruck, auf Zug folgt Gegenzug. Es ist eine natürliche Reaktion: drückt oder zieht jemand an uns, stemmen wir uns automatisch dagegen. So auch bei Hunden.

Grundlage für eine gute Leinenführung ist, dass sowohl Hund als auch Halter die Leine positiv sehen, mit Nähe und Gemeinsamkeit gleichsetzen. Sinnvolle Maßnahmen zum Aufbau der Leinenführung sind, sich nie in die Richtung zu bewegen, in die der Hund gerade zieht und dem Hund eine Anleitung und Feedback zu geben, welches Verhalten in der jeweiligen Situation gerade erwünscht ist und welches unerwünscht ist.

Dies kann wie folgt aussehen:

Hund zieht - Mensch dreht sich sofort in die entgegengesetzte Richtung um. Dies erfordert Geduld wie oft man diese Methode einsetzen muss. Der Hund lernt nach einiger Zeit, dass man dem Menschen folgen muss.

Weiter Methode ist beim Ziehen: Stehen bleiben, den Hund leicht an der Leine zurück neben sich zu ziehen - eventuell mit einem

Kommando wie „hier" und dann „Sitz" oder direkt mit einem „Fuß" weiter gehen. Auch diese Methode braucht Geduld, Zeit und eine ruhige Hand. Der Hund ist gestresst, wenn der Mensch gestresst ist - vermittelt man aber Ruhe, so ist es für den Hund auch angenehmer die Situation auf sich wirken zu lassen.

Auch eine effektive Methode um den Hund das abziehen abzugewöhnen und ruhig zu laufen, ist, sich vor dem Hund immer wieder zu stellen bzw. Ein Bein vor ihm zu stellen. Idealerweise wäre dazu eine Wand oder Mauer neben dem Hund sinnvoll, da er so nicht Ihnen ausweichen kann.

MEIN HUND ÜBERNIMMT DIE AUFGABE DES WACHENS UND BESCHÜTZENS

Auch hier zunächst ein Overview in die freie Natur:

Wölfe bellen nicht und gehen Konfrontationen im Zweifelsfall eher aus dem Weg, um die eigene Unversehrtheit zu sichern. Im Laufe der Domestizierung wurde aber Seitens der Menschen viel Wert darauf gelegt, dass Hunde wachen und schützen sollen, so zum Beispiel der dem Wolf genetisch sehr ähnliche Schäferhund.

Durch Bellen einen Hinweis/Alarm zu geben und im Zweifelsfall nicht zu flüchten, sondern nach vorne zu gehen, ist damit vom Menschen gewollt und im Laufe der Domestizierung angezüchtet (je nach Rasse mehr oder weniger). Umso paradoxer ist es, dass einige Menschen nun denken, der Hund sei dominant, wenn er sich so verhält.

Dabei bringen Hunde, je nach Naturell und Rasse, unterschiedlich viel Bereitschaft zum Wachen mit. Bellt der Hund, obwohl sein Mensch dies nicht möchte, so kann das unterschiedliche Ursachen haben.

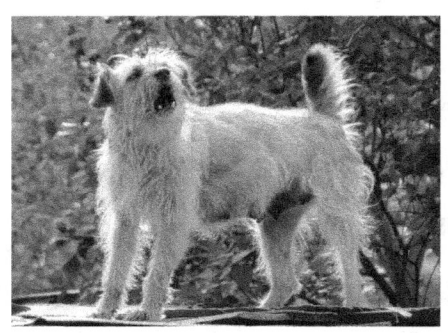

Zum Beispiel kann der Hund viel natürlichen Wachtrieb mitbringen und/ oder den Eindruck haben, es kümmert sich sonst keiner kompetent um diese „Aufgabe". Er übernimmt das Wachen somit im biologisch verankerten „Dienst des Rudels" und nicht unbedingt, um in allen Bereichen Rudelführer zu werden.

In dem Fall ist der Mensch gefragt, an sich selbst zu arbeiten, sicherer und souveräner aufzutreten und dem Hund zu vermitteln, wann sein Eingreifen erwünscht ist und wann nicht.

Es geht um eine Art „Grundvertrauen" des Hundes in die Fähigkeit des Menschen. Die meisten Hunde sind froh, nach dem Melden ein Feedback, eine Einschätzung oder Rückendeckung von ihrem Hundebesitzer/in zu bekommen. Wird der Hund ignoriert, muss er sich selbst Strategien überlegen. Wird mit ihm geschimpft, wird er nicht verstehen weshalb und die vermeintliche Gefahr wird auch nicht geringer für ihn. Bei einem Hund mit Wachtrieb kommt hinzu, dass er mit zunehmendem Alter nicht mehr ängstlich meldet, sondern an Selbstvertrauen gewinnt und die Situation durchaus gerne selbst löst.

MEIN HUND VERTEIDIGT SEIN FUTTER

Sowohl bei Wölfen als auch unter Hunden darf der Rangniedere sein erobertes oder selbst erbeutetes Futter verteidigen. Im Zusammenleben mit Menschen ist dieses Verhalten jedoch höchst unerwünscht. Eine Möglichkeit ist es, dem Hund beizubringen, nichts ohne Erlaubnis des Menschen zu nehmen und zu üben, dass der Hund den Menschen in der Gegenwart von Futter positiv wahrnimmt.

Hier kann man dem Welpen beispielsweise den Knochen hinhalten, während er darauf herum kaut oder viel aus der Hand füttern oder zusätzlich etwas Futter in den Napf geben, während der Hund frisst.

Dagegen sollte die Aufnahme von Futter oder draußen Gefundenem ohne Erlaubnis tabu sein. Das Ziel ist, dass der Hund keinen Grund sieht (und damit auch wieder langfristig die Verknüpfung manifestiert), sein Futter vor dem Menschen verteidigen zu müssen. Wenn der Hund Menschen in der Nähe seines Futters positiv oder neutral wahrnimmt, hat er keinen Grund zu knurren oder zu beissen.

MEIN HUND BETTELT

Dieser Punkt dürfte am wenigsten mit Dominanz zu tun haben. Der Nachwuchs in Hunde- oder Wolfsrudeln bettelt um Futter und wird entsprechend versorgt. Wäre dies nicht so, müssten rangniedere Jungtiere ohne Jagderfahrung schlichtweg verhungern, was sich das Rudel nicht leisten kann.

Beobachtungen in einem schlecht gehaltenen Wolfsrudel in Gefangenschaft haben gezeigt, dass selbst in Zeiten von Futternot rangniedere Tiere ihren Anteil erhalten. Ranghoch zu sein bedeutet somit in erster Linie, sich gut um das Wohlergehen des Rudels zu kümmern und nicht, um jeden Preis Privilegien und Vorteile für ich selbst durchzusetzen.

Hunde betteln, weil sie die Hoffnung auf Futter haben. Wenn sie durch Betteln nie Erfolg haben, werden sie dieses Verhalten einstellen,

es lohnt sich nicht. So liegt es alleine am Menschen, ob er einen bettelnden Hund hat oder
nicht.

TRAININGSTIPPS ZUR VERMEIDUNG DER DOMINANZ VON HUNDEN

Eine der besten Methoden, die Sie verwenden können, um dominantes Verhalten bei Ihrem Hund zu verhindern, ist die Verwendung einer positiven Verstärkung. Belohnen Sie gutes Benehmen mit viel Lob, Streicheleinheiten und gelegentlichen Leckereien.

Wenn Ihr Hund sich nicht verhält, schlagen Sie Ihren Hund nicht an oder schreien ihn an. Diese Art der Bestrafung kann zur Entwicklung eines dominanten Verhaltens beitragen.

Sagen Sie stattdessen Ihrem Hund mit fester Stimme „Nein, schlechter Hund". Setzen Sie den Hund dann in einen Zeitlimitbereich und ignorieren Sie ihn für eine bestimmte Zeit. Hunde sehnen sich nach Aufmerksamkeit und Zuneigung; hier wird die soziale Deprivation (also die zeitlich limitierte soziale Isolation als negative Verstärkung). Ihr Hund wird bald lernen, dass gutes Verhalten zu Zuneigung und Aufmerksamkeit führt und schlechtes Benehmen zu keinerlei Aufmerksamkeit führt.

Regeln im Haus aufzustellen und sicherzustellen, dass Ihr Hund ihnen folgt, ist auch eine gute Möglichkeit, dominantes Verhalten zu verhindern.

Füttern Sie Ihren Hund nicht am Tisch, lassen Sie Ihren Hund nicht betteln und lassen Sie Ihren Hund nicht auf die Möbel.

Erstellen Sie eine Reihe von Befehlen, die Sie Ihrem Hund beibringen möchten, z. B. sitzen, sich hinlegen und kommen. Setzen Sie dem Verhalten Ihres Hundes Grenzen und lassen Sie Ihren Hund durch positive Verstärkung wissen, welche Art von Verhalten akzeptabel ist oder nicht.

FUß! LEINENFÜHRIGKEIT RICHTIG LERNEN

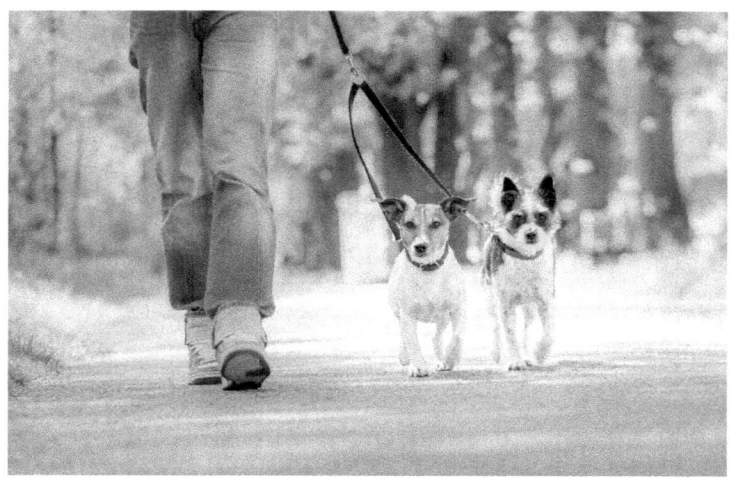

Bevor die Leinenführigkeit angesprochen wird, soll zunächst der Vollständigkeit halber das „Fuß"-Kommando nochmals vorgestellt werden.

Ganz wichtig ist es, sowohl für den Hundebesitzer als auch den Hund, zunächst präzise zu definieren, was unter dem „Fuß"-Kommando eigentlich zu verstehen ist und wohin sich der Hund setzen soll? Das ist für den langfristigen

Aufbau des Kommandos von grundsätzlicher Bedeutung.

Soll der Hund dabei lernen, sich nur auf dem Hundeplatz zu setzen oder soll er sich dabei seinem Besitzer dicht am Bein positionieren? Soll der Hund eine korrekte Grundposition einnehmen? Oder soll er das Kommando hin locker, aber absolut zuverlässig neben seinem Besitzer herlaufen? Oder ist damit gemeint, dass der Hund an kurzer Leine läuft, ohne zu ziehen? Es steht also außer Frage, dass es schon am Anfang des Lernens gilt, eine präzise Verhaltensorientierung des Hundes aufzubauen.

Ein korrektes und wunschgemäßes „Fuß"-Kommando aufzubauen ist langwierig und es Bedarf der Geduld des Hundebesitzers. Die Methoden, es beizubringen, sind vielfältig und es würde den Rahmen dieses Buches sprengen, jede einzelne der oben vorgestellten Varianten des „Fuß-Kommandos" auszuführen.

Bei einem Welpen steht sicherlich die Leinen-führigkeit an erster Stelle, daneben kann man erste Vorübungen für ein aufmerksames Laufen auf Bein-Höhe machen.

Oft ist das Problem einer „falschen" Leinen-führigkeit hausgemacht.

Doch auch diese, scheinbar simple Verhal-tensweise dem Hund bzw. Welpen beizubrin-gen, ist nicht immer einfach. Folgendes Beispiel mag dies veranschaulichen: Der Welpe zieht irgendwohin, der Hundebesitzer denkt sich: „Prima, er will zum Grünstreifen, hof-fentlich macht er da auch hin und nicht wieder in die Wohnung" oder der Welpe zieht irgendwohin und der Besitzer denkt sich „wie süß, der hat Interesse an XY bzw. will seinen Hundefreund begrüßen".

Ein weiteres Beispiel für das Missverständnis zwischen Hund und Hundebesitzer: Der Hund zieht an der Leine, der Hundebesitzer hat es eilig, also lässt er mal Fünfe gerade sein und folgt der Richtung des Hundes. In der Folge verknüpft der Hund in jedem Fall: Zug = ich komme da an, wo ich hin will.

Ein Welpe zieht dabei nicht, weil er stur ist oder seinen Besitzer „austesten" will. Er sieht einfach herzlich wenig Sinn darin, neben seinem Besitzer herzudackeln, wenn die Welt so aufregend ist, er spielen und alles erkunden will. Und für einen Welpen, der gerade einmal ein paar Wochen auf der Welt ist, ist so ungefähr alles neu spannend. Dazu kommt, dass das Grundtempo eines Hundes höher ist, als das eines Menschen. Der Hund trabt, wenn er sich ausdauernd und gleichmäßig vorwärts bewegen möchte, der Mensch dagegen geht.

Daneben gibt es noch ein weiteres Motiv für den Hund in freier Umgebung: Er geht nicht nur „auf Abenteuerreise" und möchte die Landschaft erkunden. Dieses Verhalten mag bei einem jungen Hund noch vordergründig sein. Ein erwachsener Hund dagegen erkundet, wacht, markiert oder wartet auf Aufgaben. Eine Leine ist für einen Hund demnach eine nicht nachvollziehbare Einschränkung.

Sinnvolle Maßnahmen, um eine Leinenführigkeit richtig aufzubauen sind:

sich nie in die Richtung zu bewegen, in die der Hund gerade zieht
und dem Hund gleichzeitig eine Anleitung und ein Feedback geben, welches Verhalten in der jeweiligen Situation erwünscht ist und welches unerwünscht.

LANGSAMER AUFBAU DES LEINEN-FÜHRUNGSTRAININGS

Bevor das eigentliche Leinenführigkeitstraining beginnt, sollte der Welpe bereits in der Wohnung oder im Garten an Halsband/Geschirr und Leine gewöhnt werden.

Für ein ideales Leinenführungstraining eignet sich eine möglichst leichte und ca. 1-1,5 Meter lange Leine. Einer Flexi-Leine ist abzuraten, da der Hund hierbei die Möglichkeit erkennt, sich jedes Mal durch Zug vom Hundebesitzer nach seinem Wunsch zu entfernen. Dies kann unter Umständen zu Irritationen beim Erlernen der Leinenführigkeit führen und sollte daher vermieden werden.

Das richtige Anbringen der Hundeleine:

Um die Halswirbelsäule des Hundes nicht zu schädigen, sollte darauf geachtet werden, dass ein Leinendruck vermieden wird.

Gerade beim noch wachsenden Welpen kann dies langfristige Schäden nach sich ziehen. Um diese zu vermeiden, gilt es für den Hundebesitzer „im Voraus" zu erkennen, was der Welpe gerade möchte. Zieht der Welpe an der Leine, so sollte man stehen bleiben oder dem Richtungswechsel des Hundes kurz folgen, bevor die Leine straff wird. Dazu unbedingt eine Anleitung und Lob für das richtige Verhalten aussprechen: Man schnalzt, klopft sich aufs Bein oder spricht den Welpen freundlich an, wenn die Aufmerksamkeit des Welpen abdriftet.

Das aufmerksame Laufen an der Leine ist für Welpen sehr anstrengend, da es viel Konzentration und Selbstbeherrschung kostet. Hier kann es hilfreich sein, abwechslungsreich zu laufen, d.h. mit Tempo-Wechseln und Richtungsänderungen.

Idealerweise mündet dieses Training in einer lockeren Leinenhaltung und sollte dementsprechend belohnt werden: Wenn die Leine locker ist: loben!!

Wenn der Welpe darüber hinaus sehr aufmerksam neben seinem Besitzer läuft, erfolgt eine besonders tolle Belohnung! So kann der/die Hundebesitzer/in bereits an der Stelle schon mal einen Grundstein für das Fuß-Kommando legen. Falls der Welpe bockt oder in die Leine beißt, sollte sich der/die Hundebesitzer/in kommentarlos abwenden.

Der Welpe merkt so schnell, dass dieses Verhalten ihm weder Aufmerksamkeit noch irgendeinen anderen Vorteil bringt. Ignoranz, richtig eingesetzt, kann hier mit einem hohen Lerneffekt einhergehen. Sobald die Leine straff wird, bewegt man sich keinen Millimeter mehr in die Richtung, in der Hund gerade zieht. Bei einem Welpen erfolgt erneut das Aufmerksamkeitssignal und ein baldiges Ende der Übung, bevor die Konzentration des Welpen endgültig aufgebraucht ist.

Dass ein Welpe seine Umwelt erkunden möchte, ist völlig normal und dieses Verhalten sollte vom Menschen auch nicht unterbunden werden. So eignet sich für Spaziergänge eine längere Leine (3-5 Meter), allerdings sollte auch hier von einer Flexi-Leine abgesehen werden.

Dabei ist es wichtig, den Welpen den Radius nutzen zu lassen. Zwischendurch sollten immer wieder Übungen zur Aufmerksamkeit und zum angekündigten Richtungswechsel integriert werden. Wichtig ist aber auch hier, dass die Leine nicht zu straff wird bzw. dass man dem Ziehen an der Leine nie nachgibt.

Allerdings kann es auch in der Anfangszeit zu einem umgekehrten Phänomen kommen: der Hund weigert sich, Spazieren zu gehen.

Hier sollte man sich kurz eines Blickes in die freie Wildbahn bedienen: dort ist es ein lebensrettender Instinkt für Hunde-/Wolfswelpen, sich nicht allzu weit von der schützenden Höhle zu entfernen. So erscheint es nur allzu plausibel, dass viele Welpen nicht gerne vom sicheren Grundstück weggehen. Dieses Verhalten ändert sich von selbst, wenn der Hund älter und selbstsicherer wird.

Der Hundebesitzer sollte geduldig sein und nichts überstürzen. „Trösten" wird ein Hund allerdings als Bestätigung seiner Ängste sehen. Sollte dieses ängstliche Verhalten andauern, empfiehlt es sich, den Hund das erste Stück zu tragen, so dass der Spaziergang doch noch in unbekannter Umgebung starten kann. Spaziergänge in einer größeren Gruppe können dem Welpen ebenfalls Sicherheit vermitteln.

Bei einem älteren Hund können Richtungswechsel helfen, die Aufmerksamkeit an der Leine zu erhöhen. Hierbei sollte eine 1,5-2

Meter lange Leine verwendet werden, die man am äußersten Ende festhält. Sobald der Hund ¾ der Leine ausgeschöpft hat, ändert man abrupt die Richtung, so dass der Hund in die Leine läuft, falls er nicht rechtzeitig reagiert. Um mögliche Risiken für den Hund zu vermeiden, sollte dieses Leinentraining zunächst auf einer Hundewiese oder einem großen Terrain erfolgen. Zudem gilt auch hier: das Lob nicht vergessen, wenn der Hund aufmerksam an lockerer Leine läuft.

FORTGESCHRITTENES LEINENTRAINING DURCH AUFMERKSAMKEITSSIGNALE

Ist der Hund bereits sehr gut auf Signale ansprechbar und kann seine Aufmerksamkeit über eine längere Zeit aufrechterhalten, kann man mit dem Signaltraining anfangen.

Dieses gestaltet sich wie folgt: kurz bevor die Leine straff wird, gibt man dem Hund ein Signal in Form eines bestimmten Kommandos. Missachtet der Hund dieses Kommando, so sollte der/die Hundebesitzer/in stehen bleiben bzw. sich ganz leicht zurückbewegen bis er/sie wieder die volle Aufmerksamkeit des Hundes hat. So wird eine Verhaltenskette aufgebaut und mit der Zeit begreift der Hund, dass es erst wieder weiter geht, wenn vom Menschen ein bestimmtes Signal kommt. Irgendwann hat der Hund dieses so verinnerlicht und automatisiert, dass es unnötig wird und weggelassen werden kann. Der Hund beginnt sich selbst zu korrigieren, wenn das Ende der Leine erreicht ist.

Eine Möglichkeit ist die sogenannte „be a tree" – Methode: man spielt Baum. Sobald der Hund anfängt zu ziehen, bleibt man stehen und beachtet den Hund nicht (Ignoranz). Auch wenn der Hund an der Leine zerrt, fiept, bellt, Sie sollten stur stehenbleiben. Erst wenn der Hund sich irgendwann von selbst Richtung Hundeführer orientiert, geht es weiter.

Welche Methode man auch wählt, der Erfolg steht und fällt mit der eigenen Konsequenz.

TIPPS & TRICKS FÜR EINE RUHIGE LEINENFÜHRUNG

Besonders schwierig kann sich das noch kaum gefestigte Verhaltensmuster bei Junghunden gestalten, wenn plötzlich bzw. unerwartet eine neue Situation eintritt, etwa durch auftauchende Artgenossen. Die meisten Junghunde freuen sich und würden am liebsten sofort zu ihnen hin stürmen.

Ein paar Tricks helfen, mehr Ruhe rein zu bringen: So kann man dem Hund Kontakte grundsätzlich untersagen, wenn er an der Leine geführt wird. Da durch diese Restriktion die Kommunikation der Hunde an der Leine eingeschränkt ist und wenig Platz zum Ausweichen bleibt, reagieren viele Hunde an der Leine gereizter, als ohne Leine. Um seinem Welpen unangenehme Erfahrungen zu ersparen, ist es auch unter diesem Aspekt sinnvoll, Leinenkontakte zu meiden. Wenn durch konsequentes Training nie zu Leinenkontakten kommt, wird der Junghund es irgendwann aufgeben, zu jedem Hund hinzurennen.

Doch gerade bei befreundeten Hunden lässt sich dieses „Verbot" selten so konsequent durchsetzen. So kann es hilfreich erscheinen, mit dem Hund zu üben, dass er erst nach Erlaubnis durch den Menschen Kontakt aufnehmen darf.

Diesbezüglich kann man sich mit einem befreundeten Hundehalter (für den Anfang vorzugsweise mit einem ruhigen Hund) verabreden und folgendes Training durchführen: Man bewegt sich hierbei immer nur dann auf den anderen Hund zu, wenn die Leine locker ist, wobei die gleichen Maßnahmen angewendet werden, welche man auch sonst zum Leinentraining nutzt.

Am Anfang ist die Aufgabe schon schwer genug, wenn der Trainingspartner-Hund nur ruhig da sitzt. Die Anforderungen sollten dann langsam gesteigert werden. Gemeinsam mit dem Hund bewegt man sich also auf den sitzenden „Partner-Hund" zu. Kurz bevor man den anderen Hund erreicht, fordert man vom eigenen Hund Blickkontakt oder ein Kommando wie z.B. „Sitz" ein. Erst dann bekommt er die Erlaubnis, den anderen Hund zu begrüßen. Auch wenn der eigene Hund zum Spiel mit anderen Hunden abgeleint werden soll, ist es hilfreich, wenn der Hund zunächst gelernt hat auf die Freigabe zu warten.

Anders verhält es sich, wenn der angeleinte Hund zu keinem anderen Hund Kontakt haben soll. Dieses Training erfordert andere Maßnahmen: zunächst kann es hemmend (und damit förderlich) wirken, wenn Mensch und Hund einen Bogen um den anderen Hund laufen. Um gleichzeitig die volle Aufmerksamkeit seines Hundes aufrecht zu erhalten, sollte in dieser Situation bereits frühzeitig Blickkontakt eingefordert werden. Des Weiteren sollte man die Aufmerksamkeit auf sich selbst richten, etwa durch Körpersprache oder abwechslungsreiche Leinenübungen.

Aus Lerntheoretischer Sicht ist es dagegen absolut kontraproduktiv, die Leine zu kurz zu halten, sobald ein anderer Hund erscheint. Für den eigenen Hund wird es dadurch automatisch unangenehmer und schafft eine negative Verknüpfung mit dem entgegenkommenden Hund: der Zug am Hals und die damit einhergehende, eingeschränkte Bewegungsfreiheit können ein Gefühl des Ausgeliefertsein bzw. der erlernten Hilflosigkeit hervorrufen.

Außerdem stemmt sich der Hund automatisch gegen den Zug. Dadurch nimmt er allerdings eine vorwärts gerichtete, angespannte Körperhaltung ein, die wiederum beim entgegenkommenden Hund Unbehagen auslösen kann, mit entsprechenden Reaktionen. Mit etwas Pech kann sich dadurch ein „Leinenpöbler" entwickeln. Zusätzlicher Frust darüber, nicht zum Artgenossen zu gelangen, kann zudem ein weiterer Auslöser für Leinenaggression sein. Um es überhaupt nicht erst soweit kommen zu lassen, trainiert man am besten von Welpenbeinen an, entspannt zu bleiben und sich auf den Halter zu konzentrieren, wenn ein anderer Hund in Sichtweite erscheint.

AN DER LEINE LAUFEN OHNE LANGE-WEILE

An der Leine laufen muss nicht langweilig sein. Es lassen sich ohne viel Aufwand ein paar interessante Übungen einbauen, um Mensch und Hund gleichermaßen viel Abwechslung zu bieten. Idealerweise eignet sich hierzu anfangs eine großen Wiese sodass ohne viel Ablenkung die Übungen durchgeführt werden können.

Hier ein paar Tipps:

Man bindet die Leine am Gürtel fest oder hängt sie sich um, die Hände sind dabei tabu. Falls der Hund schon einigermaßen leinenführig ist, steckt man sich das Ende der Leine locker in die Hosentasche, so dass man den Kontakt zum Hund bei Zug verlieren würde.

Alternativ kann man die Leine zur eigenen Motivationssteigerung durch einen dünnen Bindfaden ersetzen. Wichtig bei dieser etwas fort-geschrittenen Übung: Kommunikation ist gefragt, denn das Ziel ist, dass die Leine immer locker bleibt.

Nun bewegt man sich möglichst abwechslungsreich:
mit Tempowechseln, Richtungswechseln, im Slalom, mal rückwärts oder seitwärts, bleibt plötzlich stehen, oder aber geht ganz langsam. Eine weitere Variante hierbei ist: man kann im Kreis gehen und dabei beobachten, wie der Hund darauf reagiert. Wichtig ist die gemeinsame „Wellenlänge" zwischen Mensch und Hund. Die Leine bleibt ohne Einwirkung des/der Hundebesitzers/in also immer locker. So kann ein Wechselspiel entstehen.

Der Hund findet das idealerweise so spannend, dass er von sich aus mit seiner Konzentration beim Besitzer bleibt. Der Besitzer motiviert, bringt Ruhe, Spannung oder Bewegung rein, es soll Spaß und Motivation zum gemeinsamen

Laufen bringen. Hierbei achtet er darauf, worauf der Hund am besten „anspringt".

Wie lange sollte man diese Übung durchführen?

Am Anfang reichen für diese Übung 1-2 Minuten am Stück völlig aus. Wichtig ist, dass man aufhören sollte, wenn man erkennt, dass der Hund langsam sein Interesse verliert.

Eine weitere Übung:

Für Hunde, die Laufspiele mögen, eignet sich auch folgendes Spiel ohne Leine: Man rennt im Zick-Zack über die Wiese, schlägt Haken und motiviert so durch seine eigene Körpersprache den Hund mitzumachen. Falls nötig, nimmt man ein Spielzeug des Hundes zur Motivation dazu. Irgendwann erstarrt man plötzlich zur Salzsäule und wartet, bis der Hund ebenfalls völlig ruhig ist.

Diese Übung ist nicht ganz einfach und eignet sich für Hunde, welche schon die Kompetenz ausgebildet haben, ihre Aufmerksamkeit vollständig zu kontrollieren. Sobald der Hund ganz ruhig steht und gespannt guckt, geht es weiter. Der plötzliche Wechsel von wildem Rennen zur Ruhe ist eine gute Lernerfahrung für den Hund.

Sobald man erkennt, dass der Hund Spaß daran hat, kann man nun weitere Übungen integrieren. Sobald der Hund ruhig ist, gibt es ein Kommando, zum Beispiel „Sitz", sodass der Hund eine zusätzliche Lernerfahrung macht (neben der implizierten Nachahmung des Menschen). Erst dann geht es weiter.

Eine weitere, fortgeschrittene Abwandlung dieser Übung kann sein, dass der Hund kurz sitzen bleiben muss, während man selbst bereits losrennt. Auf einen Ruf hin, darf er dann hinterher stürmen.

GEHORSAM BEI VERLOCKUNGEN

Hier sind ein paar Übungen, wie der Hund trotz Verlockungen auf die Kommandos des Menschen hört. Der Hund sitzt oder liegt, während man Futter oder Spielzeug weiträumig um ihn herum auf dem Boden verteilt. Im ersten Schritt geht es nur darum, dass der Hund trotzdem an Ort und Stelle bleibt. Nun geht man zurück zum Hund und läuft Slalom um die Verlockungen herum.

Diese Übung kann variiert und ausgebaut werden, wenn der Hund bereits so weit ist, dass er sich nicht auf die Spielsachen bzw. Verlockungen konzentriert, sondern trotzdem seine Aufmerksamkeit auf den Menschen richtet. Die Variationen dieser Übung umfassen hierbei: schrittweise Abstand vergrößern, weiterhin Blickkontakt halten, im Slalom um die Spielsachen gehen. Schafft es der Hund trotz dieser Verlockungen und Irritationen dennoch, Ihnen die volle Aufmerksamkeit zu schenken, kann diese Übung als erfolgreich integriert gesehen werden.

Als Abwandlung zu der vorherigen Übung:

Man lässt den Hund sitzen und legt wahlweise Spielzeug oder Futter 10 Meter von ihm entfernt auf den Boden. Nun läuft man mit dem angeleinten Hund auf das Objekt der Begierde zu. Wann immer die Leine dabei straff wird, dreht man kommentarlos um und geht zurück zum Ausgangspunkt. Nur wenn das Ziel mit lockerer Leine erreicht wird, darf der Hund es haben.

Und noch eine weitere Variante für sehr gut erzogene Hunde: man legt Futter oder Spielzeug beim Spaziergang auf den Boden und läuft mit dem Hund weiter. Wenn der Hund trotz dieser Verlockung mitläuft, bekommt er zur Belohnung die Freigabe, zurück zu sprinten und es zu nehmen.

Möchte man seinen Hund einer offiziellen Gehorsams-Prüfung unterziehen, wird das Kommando „Hier" meist als „Hundeplatz-Kommando" in Verbindung mit korrektem Vorsitz trainiert und im Alltag so meist nicht verwendet. „Komm" oder ein Pfiff wären dann z.B. Alltags-Alternativen. Wichtig ist hierbei die Verknüpfung zwischen Wort bzw. Laut und dem gewünschten Verhalten.

Wie sieht es mit einer Hundepfeife aus?

Eine Hundepfeife als Alternative zum „Kommando" hat den Vorteil, dass der Abruf immer gleich klingt. Ein Hund hört aus der Stimme seines Besitzers anhand der Laute schnell heraus, ob er gerufen wird, oder ob es dem Besitzer um ein lustiges gemeinsames Spiel geht. Auch Emotionen wie Ärger oder Angst vermittelt die Pfeife nicht.

Voraussetzung für den Ruf mittels einer Hundepfeife ist allerdings, dass der Hund gerne zu seinem Besitzer kommt. Und das wiederum setzt eine harmonische und unbelastete Hund-Mensch-Beziehung voraus. Keinesfalls sollte man den Hund strafen, wenn er nicht auf den ersten Ruf gehört hat und erst nach dem zweiten oder dritten Ruf kommt. Schlimmstenfalls kommt der Hund sonst aus Angst überhaupt nicht mehr. Nähert sich der Hund in einem Bogen oder langsam mit abgewendetem Kopf, so rechnet der Hund mit Ärger und versucht zu beschwichtigen.

Im Alltag gibt es natürlich viel, was mit dem Menschen um die Aufmerksamkeit des Hundes konkurriert. Ein Abruf, der in nahezu jeder Situation funktioniert, ist mit sehr viel Training verbunden. Hier geht es in erster Linie um den Aufbau des Kommandos beim jungen Hund.

Folgendes Beispiel mag dies veranschaulichen:

man ruft seinen Junghund, der gerade fröhlich

mit einem anderen Hund spielt. Der Hund möchte aber wesentlich lieber weiterspielen, als zu seinem Besitzer zu laufen. Das ist ganz natürlich und verständlich, schließlich hat er noch einen starken Spieltrieb. Also lässt der Hund es drauf ankommen und ignoriert den Ruf. Der Besitzer ruft daraufhin immer lauter und strenger, irgendwann fängt er seinen Hund ein und schimpft mit ihm. **Was lernt der Hund?** Den ersten Ruf kann man getrost ignorieren, es passiert ja nichts weiter. Sobald die Stimme aber einen bestimmten Tonfall und eine bestimmte Lautstärke erreicht, dann ist es besser für ihn, zu gehorchen, da sonst eine Bestrafung erfolgt.

Meistens hört man solche Besitzer dann sagen: „bei meinem Hund muss ich immer erst laut werden, bevor er hört". Tatsächlich hat sein Besitzer es dem Hund aber auch nur so beigebracht. Das Schimpfen, wenn der Hund dann da ist, verstärkt dieses Verhalten: der Hund wird beim nächsten Mal noch wesentlich widerwilliger zu seinem Besitzer laufen, wenn die Alternativen „Spiel mit dem anderen Hund" oder „Schimpfen und Anleinen" sind. In diesem Fallbeispiel stimmt die „Chemie" zwischen Hund und Mensch überhaupt nicht und führt auch nicht zu einer harmonischen Beziehung.

Ein weiterer, häufig gemachter Fehler ist, dass der Hund in erster Linie zum Anleinen gerufen wird.

Entweder, weil beispielsweise beim Spazieren etwas auftaucht, wo er nicht hin soll (aber gerne hin rennen würde) oder weil der Spaziergang oder der Besuch der Hundewiese zu Ende ist. Kein Wunder, wenn der Hund da auf den Ruf hin nicht freudig angerannt kommt.

Hier kann es im Sinne eines positiven Beziehungsaufbaus sehr hilfreich sein, wenn man den Hund öfters Mal „ohne Grund" ruft, einfach um ihn zu knuddeln, kurz zu spielen, ihm etwas Interessantes zu zeigen oder ein Leckerchen zu geben. Dies hat den positiven Nebeneffekt, dass der Hund nicht nur freudiger kommt, sondern seinen Besitzer auch allgemein interessanter findet.

Ein fröhliches Spiel unter Hunden ist natürlich schwer zu toppen, so gut auch die Verbindung zwischen Hund und Mensch ist. Man kann aber durch eine gute Pflege der Hund-Mensch-Verbindung viel daran tun, dass der Hund immer wieder gerne zu seinem Menschen zurückkommt. Besonders die Prägung in der Welpenzeit ist hier von besonders hoher Lernrelevanz.

Wie bringt man seinem Welpen aber nun bei, dass er auf Kommando kommen soll?

Wie bei jedem Kommando steht am Anfang die richtige Verknüpfung. Um die Verknüpfung zwischen dem Kommando und Herankommen zu schaffen, kann man zum einen den Ruf als

Ankündigung einer Belohnung, eines Spiels oder von Futter nutzen, zum anderen kann man jedes Mal das Kommando geben, wenn der Welpe sich gerade von selbst auf seinen Menschen zu bewegt. Einige Züchter verwenden einen bestimmten Pfiff oder Laut um dem Welpen zu signalisieren, dass der Futternapf da ist bzw. gebracht wird. Die Welpen lernen schnell, dass es sich lohnt, auf diesen Laut hin sofort zum Züchter zu laufen, auch wenn sie den Napf noch gar nicht sehen. Gemäß der klassischen Konditionierung kann man diesen Laut nun auf andere Dinge oder Verhaltensweisen ausbauen, indem man den Napf weglässt und die neue Verknüpfung durch fortwährende Verstärkung manifestiert. Wichtig ist aber, dass der Hund den Pfiff oder das Kommando mit einem für ihn positiven Erlebnis bzw. Situation assoziiert.

Wenn man etwa möchte, dass der Hund später sofort auf das erste Kommando hört, so sollte man die Anforderungen beim Aufbau des

Kommandos immer nur so weit steigern, dass es fast ausgeschlossen ist, dass der Hund einen Fehler macht, bzw. sicherstellen, dass man das Kommando im Notfall durchsetzen kann. Auch sollten Kommandos grundsätzlich nur einmal gegeben werden. Der Hund sollte verknüpfen, dass es keine andere Option gibt, als auf ein bestimmtes Wort des Besitzers hin ein fest definiertes Verhalten zu zeigen.

Nochmal zurück zum eingangs genannten Beispiel: wenn der Welpe fröhlich mit einem anderen Hund spielt, ist die Wahrscheinlichkeit gering, dass er auf den Ruf hört. Ruft man dennoch und der Welpe hört nicht, so lässt man den Ruf dadurch zu einem unwichtigen Hintergrundgeräusch für den Welpen werden. Alternativ kann man eine kurze Spielpause abwarten oder zumindest einen Blick des Welpen einfangen. Wichtig ist hierbei, dass in dieser Situation nicht direkt das Kommando gegeben wird, sondern der Mensch sich interessant macht, zum Beispiel durch spielerisches Verhalten (Hüpfen, Spiel mit dem Welpen provozieren usw.) Erst wenn der Welpe seine Aufmerksamkeit nun auf den Menschen fokussiert und zu ihm hinrennt, sollte das entsprechende Kommando gegeben werden. Wichtig ist, dass dann tatsächlich etwas Tolles beim Besitzer passiert und der Welpe vielleicht hinterher auch wieder mit dem anderen Hund spielen geschickt wird. So lernt der Welpe, dass es für ihn keine Nachteile, sondern nur Vorteile hat, wenn er dem Kommando seines Menschen folgt.

Eine weitere Abwandlung:

Falls der Welpe überhaupt nicht schaut bzw. so vernarrt in sein Spiel ist, kann man sich verstecken. Irgendwann wird es dem Welpen auffallen und er wird aufgeregt nach seinem Herrchen/Frauchen suchen. Das ist dann der Moment für den Ruf und einen freudigen Empfang. So lernt der Welpe auch, öfter mal nach seinem Menschen zu schauen. Ein weiteres

Spiel, das man als Paar mit dem Welpen spielen kann, folgt einer ähnlichen Methodik: eine (für den Welpen jedoch bekannte) Person hält den Welpen fest, der andere (Hundebesitzer) entfernt sich, wobei er sich für den Welpen interessant macht, und sich daraufhin versteckt. Auf den Ruf des Hundebesitzers hin darf der Welpe dann zu seinem ihm stürmen.

Etliche Male am Tag wird der Welpe auch von sich aus zu seinem Besitzer kommen. Sei es aus Verlangen nach Zuneigung oder aus Neugier. Jedes Mal eine gute Gelegenheit, zeitgleich das entsprechende Kommando zu geben, so dass der Hund es verknüpfen kann.

Eine wichtige Rolle spielt auch die richtige Körperhaltung. Man wirkt deutlich freundlicher auf den Welpen, wenn man beim Rufen in die Hocke geht, als wenn man steht. Auch der Tonfall ist wichtig. Dies wurde bereits mehrfach deutlich. Der Welpe wird wesentlich lieber zu seinem Besitzer laufen, wenn ein freudiger Tonfall ihn lockt, als wenn ihm ein Befehl mit erhobener oder strenger Stimme entgegnet wird.

Ein weiterer Fehler ist, seinen Hund fangen zu wollen, wenn er auf den Ruf nicht kommt. Beim Welpen ist das noch möglich, der ältere Hund ist fast in jedem Fall wendiger und schneller als sein Mensch. Dazu kommt, dass der Hund es entweder als lustiges Spiel ansieht oder aber merkt, dass sein Mensch ernsthaft sauer ist. In beiden Fällen wird er eher alles tun, um nicht gefangen zu werden, da er eine negative Folge für ihn erkennt. Für ein Abruftraining ist dieses Vorgehen jedenfalls völlig ungeeignet.

Taucht beim Spaziergang etwas auf, beispielsweise ein Spaziergänger oder ein anderer Hund, wo der Welpe nicht hin soll, so ist es am effektivsten, sich selbst in die entgegen gesetzte Richtung des „Stimulus" zu entfernen. Mit dem Auftauchen des unbekannten Objektes, ist der Welpe erst mal hin und her gerissen. Er möchte das Neue erkunden und begrüßen, aber auch nicht weg von seinem Menschen. So entsteht zunächst mal eine Spannungssituation für den Welpen.

Bewegt sich sein Mensch nun auf ihn zu zum Beispiel um ihn einzufangen, denkt sich der Welpe: prima, mein Mensch kommt mit, dann lauf ich jetzt mal das „Neue, unbekannte" begrüßen. Ein Abrufkommando wird bei einem Welpen in dieser Situation sehr wahrscheinlich noch nicht funktionieren, erst recht nicht, wenn der Welpe bereits auf das „neue, unbekannte Objekt" losgestürmt ist. Entfernt man sich dagegen in die entgegengesetzte Richtung, am besten zügig und begleitet von lockenden Lauten, ist die Wahrscheinlichkeit recht hoch, dass der Welpe folgen wird.

Ein hilfreicher Leinentipp:

Bei pubertierenden Junghunden kann eine

Schleppleine empfehlenswert sein (nur am Geschirr verwenden, nicht am Halsband). Der Hund kann relativ viel Freiheit genießen, aber dennoch im Ansatz gestoppt werden, wenn er einen Ruf ignoriert oder unerlaubt durchstartet.

Kontakt: Marina Frank, Boltensternstr. 96,
50735 Köln
Covergestaltung: Marina Frank
Coverfoto: depositphotos.com